구절초

구절초

구절초

초판 1쇄 | 2024년 3월 22일

저　자 | 천숙녀
발행인 | 윤승천
발행처 | (주)건강신문사

등록번호 | 제25100-2010-000016호

주　소 | 서울특별시 은평구 가좌로 10길 26
전　화 | 02)305-6077(대표)
팩　스 | 0505)115-6077 / 02)305-1436

인터넷건강신문 | www.kksm.co.kr
한국의첨단의술 | www.khtm.co.kr

ISBN 978-89-6267-147-6 (03810)

◆ 잘못된 책은 바꾸어 드립니다.
◆ 이 책에 대한 판권과 모든 저작권은 저자와 (주)건강신문사에 있습니다.
◆ 허가없는 무단인용 및 복제·복사·카페·블로그·인터넷 게재를 금합니다.

천숙녀 시조집

구절초

건강신문사
www.kksm.co.kr

자서 自序

풀벌레 날아와 앉는 대청마루
왕골 돗자리에 뒹굴던 아이야
넓은 하늘을 안고 너와 같이 뒹굴던
흰 구름 몇 송이 솟아오른 꿈 하나
바지랑대 보았니?

때로는 촉촉한 이슬에 젖어
달빛 찾아 헤매는 월견초
꽃술을 보았니?

박꽃이 피다 말고 가슴 여민 옷고름에
유년 팔랑개비 비에 젖은 모습
보았니 아이야!

먼 옛날
빛바랜 앨범 속에서

웃고 있는 아이야
볼 수 있었니?

바람을
구름을
눈보라를…

2024년 3월

천숙녀

차례

자서自序 • 4

산천보세 山川報歲

말씀 • 12
설날 아침 • 13
그립다 • 14
입춘立春 • 15
산천보세山川報歲 • 16
나비란 꽃 • 17
털별꽃 아재비 • 18
질투 • 19
달밤에 • 20
메아리 • 21
유년 시절 • 22
완경 • 25
채빙採氷 • 26
마늘밭 • 27
오늘도 • 28

구절초

가슴은 • 32
초야初夜에게 • 34
봉선화 • 37
작약꽃 • 38
나팔꽃 • 41
맨드라미 • 42
물봉선 • 45
달맞이꽃 • 47
구절초 • 48
잡초 • 49
가을걷이 • 50
분갈이 • 52
옥수수 • 53
뿌리 • 54
처서 • 55

유통기한

편지 • 58
꽃그늘 • 60
이런 생각 • 62
그 이름 • 63
따뜻한 • 64
기다림 • 65
유통기한 • 67
바람에 실어 • 68
연리지 • 69
무언 • 70
꽃무릇 • 73
추신追伸 • 74
어쩌지 • 75

낙법落法

하루하루 • 79
마중 • 80
줄 • 82
명당 • 83
추錘 • 84
덜컹 • 85
유혹 • 86
종자種子 • 87
담쟁이 넝쿨 • 88
푸른 몸 • 90
낙법落法 • 91
백수白壽 • 93
내 삶의 시를 찾아 (1) • 95
내 삶의 시를 찾아 (2) • 96
내 삶의 시를 찾아 (3) • 99

가을하자

우리 함께 • 102

다시, 봄 • 103

잠시만 • 104

어느덧 • 105

밥줄 • 106

그릇 찾기 • 107

육필 향기 • 108

문우 • 110

지우개 • 111

난전亂廛 • 112

가을하자 • 114

노래 • 116

휴식 • 117

■ 해설 산다는 건 오일장의 난전,
  나와 내가 나누는 내면의 대화 • 118
  리강룡 / 시인, 중부신문 논설위원

산천 보세
山川報歲

말씀

늘 부족한 여식에게
아버지 들려주신
"정자 좋고 물 좋고
경치 좋은 곳 없는거다"
분명히
없는 거란다
정자 좋고 물 좋은 곳

애씀으로 열매 맺는
단단해진 뿌리 되어
물들임을 위해서는
샛강 되어 꿈 키워라
바다를
향해 흘러라
깊어지고 넓어져라

설날 아침

떡국을 끓이면서
고향 집이 떠올랐다

어머니 아궁이에서 맛을 짓던 그 모습

불 지펴
매캐한 연기 따라
쏟아지던 눈물도

타다 남은 불씨를
화롯불에 담아놓고

황태 겉 꾸덕해도 속만은 촉촉했던

노릇이
구워지던 맛
아침상이 그립다

그립다

아버지는 담뱃대에 볏짚을 집어넣고
시꺼먼 댓진을 조심조심 빼내실 때
뻥 뚫린
새길 따라서
가을볕 흘러들어

댓돌 위 가지런한 하얀 고무신 한 켤레
잠시 마실 가셨는지 세상 길 떠났는지
험한 길
헤쳐오느라
지워진 무명상표

입춘立春

소한 대한 물러가고
입춘 절이 왔습니다

새봄에 접어드니
생기 돌아 힘차네요

따뜻한 봄기운 담아
'입춘대길立春大吉' '건양다경建陽多慶'

산천보세 山川報歲

집안이 환하도록
어김없이 피는 꽃

향기 가득 꽃대로
산천에 고하는 말

꽃말은
'새해를 알려요'
덕담으로 받으세요

나비란 꽃

'행복이 날아온다'
나비란 이름으로

펄라이트 듬뿍 넣어
분갈이하는 봄날

새 촉이
마구 자라나
별꽃으로 피어나길

털별꽃 아재비

귀엽고 앙증맞은
순박한 모습이지

빈터 어디쯤 내 땅
뿌리 내리던 몸부림

얄미운
투정 부리며
기다리는 물오름

질투

피는 꽃 시샘하는
꽃샘바람 몰고 와서

따스한 봄, 새봄이
그리 쉽게 올 것 같냐며

느슨한
정신 줄 번쩍
몽울 봄꽃 후려친다

달밤에

고향 집 앞마당에 달빛이 내려앉아
대숲 소리 윙윙대던
뒤뜰 밭 웅성거림
마루 밑
개 짖는 소리
그림자를 쫓아 내고

밤늦은 시간에도 마을 길 내 달리던
재잘대다 깔깔거리던
소녀가 여기 있다
갈래 진
꽃잎 속 깊이
숨겨진 열여덟이

메아리

아주 어렸을 때 소먹이러 갔었어요

비조산 고개 넘어 골 깊은 산속으로

암소는 풀어 놓고서 공기놀이 취했던 때

어느새 해그림자 산등성이에 깔리면

풀어놓은 소 찾느라 꼬맹이 휘젓고 다닌

옛 시절 메아리로 들려 부르면 답합니다

유년 시절

굴뚝에서 타래타래 올라가는 회색 연기
더운 국밥 그립고 유년의 깃발 손짓하는
꿈 상자 뚜껑을 열고 옛 바다에 투신했다

내 고향은 경북 문경 산양면 부암리
부자 부富 바위 암岩으로 바위 많은 비조산 품
굳건한 소나무 팔뚝
결 곧은 기상도 있다

어머니는 장독대 위 정화수 얹어놓고
두 손 모아 잡고 간절한 기도 올리시면
겹쌓인 퇴적층 뚫고 빛 새어드는 소리

옆 산 산허리에 누워계신 아버지도
흙무덤 가르고 나와 족보를 세우시고
사랑채 약장을 열고 감초 꺼내 씹으셨다

세상 끝 어디를 가도 내 유년 시절 있어
실낱같은 끄나풀로 연필심 꾹꾹 눌러
밤마다 일기 쓰는 일 별 하나 잉태한다

완경

갈래머리 여중생이 꽃 내림을 받던 날
물큰한 붉은 꽃에 공손했던 어머니
강산이 몇 번 바뀌도록
내 안에서 살게 했다

자궁내막 탈락으로 쏟아진 핏덩이가
찬란한 중년의 꿈 완숙을 향해 걷다
생리혈
멈춘 가을 길
어머니 몸 향기였다

채빙 採氷

얼어붙은 강바닥에 혹한의 추위 견딘
뻣뻣이 굳은 손가락 얼음을 뜨고 있다
채빙은 우미내 마을 한강 얼음 썰기였다

어제는 동인들과 스타벅스 찻집에서
냉커피 아메리카노 다섯 잔을 시켰는데
살에는
추위 속에도
삶의 온기 가득했다

마늘밭

구멍 뚫린 마늘밭에 봄이 먼저 와 있다

겨우내 살얼음을 이불처럼 덮고 살다

기지개 털고 일어나
두 팔을 치켜들고

팍팍한 흙 두드리며 뿌리 순 뻗고 있다

제 몫의 이름으로 살아가야 하는 까닭

내 새끼 육 남매 쫑까지
매콤하게 키울 거다

오늘도

우리들 살아가는 천만 갈래 길위에
출근길 혹여 둘레길 비탈길 오르는 삶
구두의 밑창이 되어 하루의 날 닳아간다

넓은 땅 지나가고 아슬한 돌 틈 사이
내딛는 걸음마다 비장한 마음 심어
치열한 삶의 밭에서 두 주먹 불끈 쥐고

구절초

가슴은

풀빛 묻은 첫날처럼 들녘이 그리워서

볼 터치 바람에도 후두둑 눈물이야

비밀한 언표 찾기에 짧디짧은 하룻길

선 긋고 지나가는 어린 비 마중해도

자그마한 꽃송이를 만나도 눈물이야

한목숨 피울 수 있는 해맑은 시계 열고 싶어

초야初夜에게

　　산허리를 휘어 감던 한 줄기 바람 여기
　　푸른빛 두르고 새로운 세상 열고 있다
　　일제히
　　깨어나는 숲
　　쏟아져 내리는 햇살 있어

　　둥근 지구 한반도에 함께 걷는 우리 둘
　　시린 영혼 덮어 줄 너와 나 이름이야
　　별처럼
　　밤하늘에 매달려
　　이야기꽃 풀어보자

봉선화

손톱 마디마디 빨간 꽃물 들여놓고

내 안이 향기롭도록
웃음꽃 함박 피워

반달로
닳아지는 동안
머물고 싶은 네 곁 여기

작약꽃

고향 집 뒷밭에는 작약밭이 있었다
대나무 숲 울타리로 둘레를 감싸주던
봄마다 탐스러운 꽃은
등불 되어 환한 마을

십리 길 내 달리던 여중생 등굣길엔
작약 꽃 한 다발씩 가슴에 꼭 안고서
교탁 위 옆 교실에도
나비들 잔치였다

늦가을 동짓달엔 알뿌리 흙을 털던
한의원 집 아버지가 작두로 삭둑 잘라
귀했던 알뿌리 작약
약장 속에 밀어 넣고

단발머리 꿈을 꾸던 세일러복 여중생은
긴 세월 지나오면서 하늘까지 닿던 청춘

풀꽃을 찾아 나선 뒤
작약꽃을 안고 왔다

나팔꽃

누군가를 포옹하며 한 켜 한 켜 오르는

홀로서기 외롭다는 천성 고운 나팔꽃

낮은 곳
뿌리 벋으며
외길 걷는 옹고집을

맨드라미

알알이 까만 꽃씨를 익히는 가을 언덕
관절 타고 흐르며 뒤척이는 몸살이다
묵묵히
문신 새기듯
토해내는 속울음

붉디붉은 맨드라미꽃 장독대 앞에 서서
온몸으로 껴안아 아득함을 뚫고 있다
가슴에
물꼬를 트고
겹겹의 마음 물들이며

물봉선

고깔 같은 자태로 꿀벌 부르는 물봉선
벌들은 꿀벌들은 들은 채 아니하고
꼬리 쪽
빨대를 꽂아
꿀만을 훔쳐가고

물봉선 바라는 건 마주 앉아 눈 맞추며
꽃잎 열고 당당하게 꽃가루를 옮겨주는
꿀벌의
선한 모습으로
오늘을 살고 싶은

달맞이꽃

초록 바람 싱싱한 꽃대 밀어 올리면
겹겹이 수놓으며 지천에 피던 꽃들도
제 몫의 이름을 달고 집 짓기에 바쁘다

어느새 들판엔 마른 냄새 풀풀 날려
허공에 떠오르는 달 간절히 그리운지
밤마다 물들어가는 샛노란 달맞이꽃

살면서 호락호락한 편한 길 어디 있나
스스로 차오르던 창백한 꽃잎들도
어둑한 삶의 지경地境을 환하게 밝혀준다

구절초

밟혀도 누워 자라 꺾여서도 피는 꽃
산천에 몸부림치는 그 숨결 서민초庶民草다
저물녘
내 뜨락에서
단장하는 먼 추억

잡초

내 몸이 나 흔들어 깨우는 신 새벽에
뽑아도 베어내도 악착스레 버텨내던
그리운
얼굴 말아 들고
안부를 묻고 있다

눈 시린 가을볕에 서성이는 걸음들아
누구든 풀물이 드는 시골장 둘러보자
긴 세월 숨죽여 울던 콧날이 찡하겠지

시퍼렇게 살아나던 잡초들 우리잖아
삘기를 뽑아 불던 풀피리 소녀들아
비 잠시
쏟은 하늘도
무지개를 걸어준다

가을걷이

고춧대 걷을 때쯤 잎 떨군 나무들이
빈손을 치켜들고 튕기는 주판알에
쭉정인 날아가면서
알곡들만 남겨놓고

남아있는 햇볕으로 가을걷이할 수 있나
을씨년스러운 바람만이 고향 집에 머물면서
덜컹인 문짝을 잡고 닫았다가 열었다가

분갈이

몇 년 키워온 화초 분갈이하는 주말 오후

엉킨 뿌리 잘라내고 새로운 흙 채워 넣고

햇살을 비벼 넣으니 내 마음도 달뜨고

내 안의 분갈이가 시급하게 필요한 때

침체 되고 엉킨 생각 쓴 뿌리도 잘라내자

늦가을 노지에도 자라는 새잎 돋는 단맛 들게

옥수수

하현달 떠오르는 밤 살아 숨 쉬는 풀벌레

엉키어 뒹굴고 싶은 귀뚜라미 풀무치가

청아한 협주곡 연주로

지친 어깨 다독이면

툇마루 추녀 끝에 매달려온 옥수수

햇빛 무성한 시골집 그곳에 살고 있어

올 한해 지나오면서

월동준비 마쳤다

뿌리

낙엽을 긁어모아 뿌리를 덮는다
어둠 진 뿌리 위로하며 두 손 꼭 잡는다
한 뼘씩
살찌게 했던
수고했던 뿌리야

뿌리가 있어 꽃이 피고 열매가 익어가듯
오늘의 웃음꽃도 뿌리의 힘이다
오늘 밤
편지를 쓰고 싶다
고마웠던 뿌리에게

처서

폭염 폭우 끝났다고
바람이 길 바꿨다

보이는 것 너무 많고
들리는 소리 너무나 커

가슴만
열어두고서
모두 닫아 버렸다

유통기한

편지

하얀 갱지 위에
꾹꾹 눌러 보내온 글

세상 속 편지 되어
읽히는 하루 있다

벼려온
묵언도 있다
거칠은 시어詩語가 운다

꽃그늘

걸어온 길이만큼 문양文樣을 새기려고
자석처럼 나를 당겨 문을 열고 있습니다
등짐은 풀어 놓으라
햇살로 깨어나시게

저기는 분명 푸른 바다 넘실넘실 출렁인다
흔들리다 끼를 쏟는 유영하는 바다다
당신의 눈빛 속에
아지랑이 피우는데

목숨의 분량을 재며 한 줄 노래 부르는 여기
묵정밭 마음 언저리 달 하나 심는 손길
한 마리 나비가 되어
꽃그늘에 젖었다

이런 생각

수십 년간 지나도록 찻집에 가 본 적 없어

언젠가는 가고 싶었다 차 한 잔 하시게요

따슨 차 한 잔을 두고 마주보며 마시는 차

그 모습 꿈꾸며 살아 오늘 이렇게 찻집에 왔죠

당신은 에스프레소, 카페라테 주문은 나

이렇게 마주합니다 마음에 달 뜨네요

그 이름

불쑥불쑥 찾아오는
그리운 그 이름은
오늘도 곁에 앉아 환하게 웃고 있다
하루도 거르지 않고 달려와 곁에 있어

나 또한 네가 없는 날
생각조차 할 수 없어
사랑해서 말하지 않는 비밀 숲 있는 거지
언제나 네 생각 속에 언급되는 나의 시

따뜻한

물기 젖은 머리를 털 때
"내가 말려 줄게 이리와 봐"

손가락으로 가르마 타며
머릿결 빗겨준다

드라이
따뜻한 바람
마음만큼 뜨겁게

기다림

연륜의 꽃이 피는 푸른 악보 펼쳐놓고

그리움 터지는 날
꽃물 드는 수채화

한지 창
환히 밝히려
등불 켜 기다려요

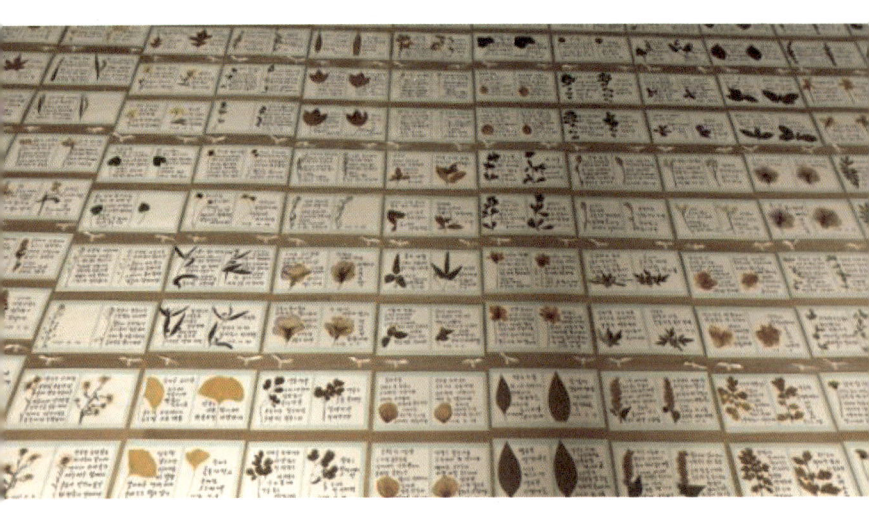

유통기한

참치 캔을 따다가 유통기한 읽어봤다
우리의 사랑탑에도 유통기한 있는 걸까
갓길로 물러앉아서 길 터주는 일일 테지

아침 창 밝아오면 편지지 펼쳐놓고
뭉툭한 연필심에 안부 인사 올리면
몇 굽이 달려온 길에 꽃향기 그득했지

오래된 건 좋은 거야 쉼 없었던 우리의 길
유통기한 없는 설렘 겹겹 무늬 쌓으면서
봉인된 속 깊은 마음 파일에 저장한다

하루해 저물고 나면 저녁이 평안하다
뼈 속내 서로 알아 한 하늘도 열었으니
발걸음 일기장 속에 꾹 눌러 앉힌 압화 꽃잎

바람에 실어

마음의 실타래가 자꾸만 커집니다
물먹은 그리움이
사랑을 찾습니다
당신께
줄달음치듯
내 달리는 마음으로

인연의 이불깃을 가슴 위로 당기며
잠을 청해 봅니다
두 눈을 감습니다
오늘 밤
만나고 싶어
꿈 밭으로 달려가는

연리지

세상 밖이 궁금했다 잠시 각자 길 떠난 뒤
붉게 타는 진달래꽃 산자락을 오르다가
초저녁 어둠 내리면
푸섶 길도 걸어보고

아득하게 멀어져간 별을 헤던 목소리
놓치고 싶지 않아 두 손 꼭 잡아끌어
부둥켜 하나가 된 몸
하늘 향한 절정이다

무언

TV 볼륨 높이면서
되묻기 싫은 말들

귀 안에 착용했던 보청기는 빼 버리고

쉼 없이
굽이쳐 흐르다
서산 해로 잠드셨네

뜻깊은 속 사연은 그도 알고 나도 알아

무슨 말이 필요할까
무언으로 나누는 말

네 마음
내 곁에 두고
둘이 함께 기우는 밤

꽃무릇

상상의 잎 펼쳐놓고 꽃 피기 기다려요

기다려 기다리다 저 홀로 지고 나면

갈래진 주홍빛 꽃이 환하게 피어나요

그래도 마주하는 그날은 오지 않아

가지 끝 물오르는 소리 몸속에 숨겨놓고

야위어 뼈로 남지만 잘 견디고 있습니다

추신追伸

하고 싶은 말 다 했지만
소리 없는 세상에서도

깊숙이 귀 기울여
사랑탑 쌓겠어요

춤추는
나비가 되어
봄을 읽는 당신에게

어쩌지

당신 눈에 잡히면 숨 쉬는 풍경 되고

시가 되고 사연 되는 이야기는 끝없는데

하루도 쉼 없는 나날 어쩌지 저 열정

뜨거운 가슴 속 불씨 저 저린 날숨을

예민한 더듬이 늙지도 못하겠네

저렇게 풍성한 감성 어떻게 풀고 살았을까

낙법
落法

하루하루

어둠 벗고 일어서는 아침이 오고 있다
마음 자락 내주면 가슴 깊이 스며와

꽉 잡은
억센 힘으로
놓아주기 싫은 거다

마중

나로부터 시작인 더 나은 내일 위해
내일의 길을 여는 발자국은 힘차게
푸른 깃
풍경을 그려
편지통에 넣어두자

새벽길 걷는 강 하나로 섞여 꿈꾸던 밤
마디마디 관절 타고 몸속 흘러 떠돌던
세포에
새긴 사무침
그리워질 내일이다

줄

내 삶의 동아줄이 여기저기 뭉쳐 있다
어느 줄을 잡을까 망설이는 그 사이
내 두 손 덥석 잡히어 이리저리 흔들리고

후두둑 창을 향해 달려오는 소나기로
오늘은 누군가가 우리 집 창문을 닦네
늘어진 아슬한 줄에 몸을 꼭 동여매고

하나뿐인 생명선을 늘였다 줄였다 하며
밥줄을 놓치게 될까 가슴 졸인 곡예 타기
가장의 어깨 위에서 꿈을 심는 식구들

내가 던진 동아줄은 올곧은 줄이었나
명분 있는 줄 되고 삭지 않은 줄이 되어
수십 년 세월 흘러도 후회가 되지 않는

명당

휴머니티 도래到來한
팬데믹 이 시대에
사람이 우선이니 출발점에 두 발 놓고
마침내 한 색깔 되어 명당 터 닦아보자

마음속 명당 되어 오늘도 무탈하게
각자의 모습에서 최선을 살다 보면
내 삶도 모자이크 되어 또렷한 명당 터로

묘墓터가 명당이라 해도
사람이 명당이다
초록빛 일어서는 희망찬 우리들은
뒤안길 이순耳順에서도 푸른 잎새 펄럭인다

추錘

흔들리는 세상이 늪 물로 출렁일 때

멈춰야 할 정점이 언제쯤일까 평형平衡

흔들림
중심을 잡고
안정하는 추 될 때

덜컹

마음 덜컹 꺼졌다면 무얼 괴어 세워질까

반듯하게 서 있어봐 왜 자꾸 흔들리지

종잇장 사각으로 접어 기운 쪽을 궤면 될까

안개 같은 속삭임 햇살 풀어 환해지듯

터널 숲 지나고 난 뒤 확 뚫린 길 달려보자

깊이를 가늠하면서 마음 수평 잡으면서

유혹

눈앞에 낚시찌가 아른거리는 삶의 바다

빼앗고 빼앗기고 먹고 먹히며 사는 오늘

저 바늘
물고 싶을 때
아가미 찢겨 흐르는 피

종자種子

가을걷이 탈곡할 때 허깨비들 날아가고

한 줌만 남겨지는 알곡 속에 내가 있나

겨우내 씨 종자로 남아 봄날에 심길까

담쟁이 넝쿨

가파른 벼랑 타고
오르는 손길 있다

여명을 밀고 오는
눈뜬 아침 사람들

촘촘히
맞춘 뿌리들
새순 올릴 꿈을 엮네

푸른 몸

척박한 텃밭에서 자라난 배추포기

풋풋한 생명력으로 전이되는 힘줄 있어

꿋꿋이 살아 있었다 올곧은 모습이다

땅을 깊이 파 뒤집고 묵은 거름 풀어 넣고

흙을 잘게 고른 뒤에 씨앗을 뿌리면서

통과한 시간 속 열매 세월의 몸 푸르다

낙법 落法

열 번을 넘어져도 다시 털고 일어나봐
무수한 꺾임으로 별빛이 내게 오니
모서리 갈고 닦으며
둥근 이름 새겨야지

어둠에 눌린 몸 펴지 못해 굽은 등도
내면을 향한 원형 날개 밑에 접어두고
새롭게 길을 찾아서
용수철로 일어서봐

백수白壽

바람이 불 때마다 수수깡 흔들리고

어느덧 늦가을 되어 세상 떠날 때라며

썰렁한
그림자 되어
길바닥에 기우는 몸

내 삶의 시를 찾아 (1)

옹이 박힌 언어를 줍는 허리 굽은 이순 길
주어진 오늘 하루 삶의 문학 걸음이니
나에게 불을 질러야 꽃불 속에서 나를 찾지

삐걱이는 가뭄으로 내 몸이 버석해도
세월의 등고선을 허리에 질끈 묶고
시들이 맥아리 없으니 행간 흔들어 깨웠다

세상 속에 귀하게 놓고 싶은 시 있으면
속에서만 들끓는 말 다시 한 번 걸러내고
잎들만 무성한 말들 훌훌 털고 훌훌 털어

내 삶의 시를 찾아 (2)

누군가 우악스럽게 뒷덜미를 당겼다
거리를 비틀거리며 배회하는 나의 시
잰걸음 바닥 다지는
침묵의 무게 간절한 밤

명경보다 맑은 물 편지 한 통 전하려고
활자에서 벗어난 시 창틈 비집고 들어앉아
뜨거운 피톨 품어 안고
저 혼자 타오른다

내 삶의 시를 찾아 (3)

한 올 한 올 꿰어지는 파리한 시상詩想의 얼굴
날갯짓 파닥이며 꿈꾸는 비상飛上 길로
시인은 시를 통해서
삶의 길 걷는 거다

밥이 되지 못하는 일 그 일을 되풀이해도
서가에 별빛 들여 글줄을 풀어가며
오늘의 호미질 노동 작업은 끝내야 산다

시름 쌓인 가슴은 무시로 눈물 닦아
혼돈을 거두는 노래 되고 시가 되어
허무와 절망에서도
온몸 벌떡 일어서는

가을하자

우리 함께

살아 있는 생명체들 숨소리 들리는데
이슬 맺힌 풀잎들 노오란 민들레꽃
춤추는
봄 나비 따라
울음 우는 매미도 있어

나의 속 든든하게 갈증을 풀어주는
벼 이삭 뜀박질하는 누우런 메뚜기떼
그들께
잘 사는 일 무어냐
다시 또 묻고 싶다

다시, 봄

끝 모를 인간 탐욕 전쟁 재앙이다

앗아가는 목숨 줄 아비규환 아수라장

들린다 아이들 발소리 지구의 숨소리다

그럼에도 불구하고 두손 모아 기도하며

산천에는 새가 울고 파릇파릇 돋아나는

들렸다 땅을 치고 오르는 발길 소리 숨소리

잠시만

하루하루 건너는 강 저마다의 일상에서
어찌 이렇게 바쁜 걸음 앞만 보고 걷는 거야
잠시만 들숨 멈추고 주위 한 번 둘러보아

차례 지켜 서 있는 줄 그 자리에 서 있는 나
순서가 되면 반드시 내 번호가 불려지니
잠시만 날숨 쉬면서 숨 고르기 해보자

오늘도 한결같이 나에게 닿는 일들
내 몫에 차근차근 알차게 마무리를
저녁 해 기울고 나면 어둑한 밤 편할 거야

어느덧

하루살이 삶이라도 천년이라 느끼면서

푸른 날 궁글이면서 고개 숙여 살아온 날

늦가을 해 질녘 서니 꿈결인 듯 하루였다

오늘의 첫 점 찍듯 가로세로 줄을 긋고

가슴속 구절 노래 속마음 헹구는 날

초록의 나뭇잎들이 시퍼렇게 일어섰다

밥줄

한 끼도 놓치면 안돼
구부정한 줄서기

탑골공원 골목길에
순서는 아직 멀다

자꾸만
길어지는 길
보도블록만 헤고 있다

그릇 찾기

골목길 지나다가 쓸 것을 줍기 위해
버려진 해진 신발 찌그러진 종이상자
가난을
줍고 있었다
그릇을 찾는 거다

잘 살아 잘 살아 보자 구호까지 부르짖던
젊은 날 청춘들이 시멘트 바닥 위에
구부정
웅크려 누워
할퀸 마음 갈고 있다

육필 향기

문경은 고향이다 태어나고 성장했던
훌쩍 떠나고 싶어 고향길 찾은 주말 오후
오늘은 자체만으로 울림 주는 문경문학관

문경새재 시원을 토대로 한 '문경문학'이
창작의 길을 여는 산실이 되길 염원하며
건립기 '문경문학관' 걸던 문패를 닦고 닦아

오늘은 33人 육필 향기를 담아내어
원고지 부챗살 위에 먹빛 시가 박혀있다
전시된 육필원고에 떠오르는 작가들 모습

굽히고 더욱 굽히는 백팔 배 육필 시와
폭포 안개 석류꽃 덕혜옹주 이야기까지
육필 시 손가락에 묻어 가슴까지 스며들고

하늘 꽃 권상로 정훈 황금찬 이우출 친필

'문경문학관' 전시실에 육필 향기 그득했다

마실 온 시인들 모여 묵향에 취한 시월

문경문학관 / 개관일 2018년 12월 01일 / 이사장 권득용

경북 문경시 산북면 김용리 278-1 / 054 -552-1852

문우

생활 속의 따뜻한 이야기와 꿈 바구니
사람들 사는 모습 진위眞僞를 캐다 보면
심연을
열어 보이는
글 실꾸리 뭉쳐 있다

등뼈에 푸른 심지 시심 밭 일구는 일
발목에 힘을 주고 세세한 골목 누벼 다닌
발걸음
해지기 전에
일기로 남긴 서로의 숙제

억겁의 시간으로도 잴 수 없는 인연 되어
이순의 뒤안길에 초록 향 뿌려놓고
마침내
한 색깔 되어
닫힌 하늘도 열어준다

지우개

남들은 쌓으려고 기를 쓰는 세상일에
한 생애 허물며 살아야 하는 숙명인가
살점이
깎이어가도
버리며 사는 날들

네 몸이 검게 타도 남의 허물 덮어주는
실수와 잘못 들은 남몰래 지워 주다
네 몸은
티끌로 남는
산화散花의 길 걷고 있다

난전亂廛

산다는 건 오일장 같아 난전을 펼쳐놓고
난전에서 실랑이 벌이며 장을 보는 사람들
그 속에 숨 쉬고 앉은 떨림도 한 바구니

놋숟갈로 통감자를 깎으시던 어머니가
영근 벼가 누워있는 논둑 길 지나오며
더욱더 붉은 웃음을 쏟아놓고 돌아보는

가꿔도 거친 밭 이랑 일궈 고르고 살던
아슬한 평생 삶이 눈에 선연 떠오르고
집 찾아 걷는 발걸음 노을 속에 잠겨 들고

가을하자

봄에 뿌린 씨앗들 발아하고 싹이 터
꽃대궁 밀어 올려 알싸하게 살아난 꽃
하얀 꽃 진내를 뿜네
자기 모습 보아 달래

쩍쩍 갈라진 논바닥 비바람 홍수 속에서도
꿋꿋이 견뎌낸 의지 살아 숨 쉬는 생명들아
겨우내 든든할 속내
살찌워 튼실하게

학생들은 학교에서 농부는 들판에서
가을 하자 가을 하자 우리 모두 가을하자
오늘은 환하게 웃자
무탈한 지금 순간

모래

천둥 번개에 갈라진 바위는 쪼개지고
비바람과 누워 긴 잠속 여기에 닿기까지
심성을 모난 심성을
닦아주던 풍화風化여

성난 물살 만나면 또 어디론가 휩쓸려
등 떠밀려가야 할 끝 모를 미로 속에
살길은 맨살 비비며
미세하게 작아지는

화덕에서 갓 나온 어머니의 뼈마디가
철저하게 부서져 분말이 되었듯이
바람에 흩어지듯이
가루 되어 흩날리듯

휴식

헐떡이던 숨찬 길
무장 해제 하는 시간

실내화 신은 발이
멈출 곳 찾았는지

신경 줄
느슨히 풀고
소파 위에 누웠다

■ 해설

산다는 건 오일장의 난전, 나와 내가 나누는 내면의 대화

리강룡 / 시인, 중부신문 논설위원

1. 들어가기

천숙녀 시인이 시조집 『구철초』를 펴낸다. 옆에서 지켜본 천 시인의 삶은 여느 시인에 비하여 좀 독특한 면이 있다. 1995년 월간 《문학공간》과 2000년 《현대시조》로 등단한 이래 시조에만 몰두한 것이 아니라 여러 가지 방면에 부지런하여 그 성과를 일궈내었다. 우선 30년이란 짧지 않은 시간을 국가적, 민족적 대 명제인 '독도 사랑'에 심혈을 기울였다. 적지 않은 홍보물을 제작하여 배포하고, 수많은 단체, 인물을 찾아가 설득했다. 시집 『평화의 섬 독도』를 펴내고, 일본의 그릇된 주장을 성토하는 행사들을 벌이는가 하면 수많은 문인에게 독도 사랑 작품을 청탁하여 앤솔러지(Anthology) 『독도 - 시 200편 -』를 비롯하여 적지 않은 책자들을 편찬하여 관계 기관과 개인에게 배포, 홍보하였다. 그 외에도 독도수호 문학회 조직 운영, 독도수호 마라톤대회(14회), 독도수호 골프대회, 독도수호 걷기 대회, 독도수호 음악회 등을 개최하였다. 그 공로로 2011년에는 국회 독도특위로부터 유공자 공로패를 받기도 하였고, 지금도 '한민족독도사관' 관장으로 그 끝없는 전쟁 같은 행진을 계속하고 있다. 보통 사람이 생각하면 참 엉뚱한 일을 저질러 대는 것이 일상생활인 시인이다. 그렇게 바쁜 가운데에도 자유시집 『들풀 향기』, 『맨땅 위의 파도』, 『건강한 인연』, 『안부』 등과, 시조집 『평화의 섬 독도』, 『비움』, '코비드 19' 단일 주제로 엮은 『반갑지 않은 손님』 등을 펴낸 바 있다. 몸을 돌아보지 않고 너무 바쁘게 활동을 계속하였던가, 연전에는 건강에 적신호가 와서 힘든 시간을 보내었고 다행히 회복하여 이 시조집을 펴내게 되었다.

이 시조집에는 71수의 작품을 싣고 있다. 제1부 '산천보세山川報歲'는 고향 이야기이다. 육친에 대한 그리움을 비롯하여 유년 시절에 대한 향수가 주종이다. 제2부 '구절초'에는 유년 시절 고향 땅 생활의 주변에 피던 꽃 이야기를 싣고 있으며, 제3부 '유통기한'에는 살아온 인생, 살아갈 인생, 달려온 삶의 길 되돌아보기 등 인생 이야기들을 쓰고 있다. 그러다가 문득 시인 자신을 되돌아보며 어느덧 인생의 유통기한을 생각하기도 하는 자기 성찰의 장이다. 제4부 '낙법落法'은 사색의 장으로 읽힌다. 적지 않은 인생의 굽이를 누구보다 치열하게 살아온 시인이 이제 한 걸음 물러서서 삶을 관조하는 모습도 읽게 되는 장이다. 제5부 '가을하자'는 내면과의 내밀한 대화의 장으로 엮고 있다. 장마다 몇 편의 작품을 소개, 해설하여 독자의 이해를 돕고자 한다.

2. 말씀

늘 부족한 여식에게
아버지 들려주신

"정자 좋고 물 좋고
경치 좋은 곳 없는 거다"
분명히
없는 거란다
정자 좋고 물 좋은 곳

애씀으로 열매 맺는
단단해진 뿌리 되어
물들임을 위해서는
샛강 되어 꿈 키워라
바다를
향해 흘러라
깊어지고 넓어져라

─「말씀」전문

　시인의 선친께서는 한의원을 경영하시던 침구 철학인이셨다. 이 작품에는 어린 시절 선친으로부터 받았던 유훈遺訓을 인용하고 있다. '산 좋고 물 좋고 정자 좋은 곳은 없다'는 옛말이 품고 있는 의미는 무엇인가. 자연미와 인공의 미가 잘 조화를 이룬 이상향, 말하자

면 이 세상에 '유토피아'는 없다는 말이 아니던가. 시인의 선친께서는 사랑하는 어린 딸에게 지나친 욕심 내지 말고 집토끼부터 잡고 여력이 있으면 차후에 산토끼가 있는지 살펴보라는 생활철학 같은 것을 은연중에 심어 주려고 이 말씀을 하신 것으로 읽는다. 시인도 이 뜻을 잘 체득하여 '물들임을 위해서는/샛강 되어 꿈 키워라/바다를/향해 흘러라/깊어지고 넓어져라/'고 읊고 있다. 인생살이는 'step by step'이다. '어느 날 갑자기 자고 나니 스타'는 올바른 삶도 아니고 지속적이지도 않다. 천 리 길도 한 걸음부터 시작하는 것이다.

> 내 고향은 경북 문경 산양면 부암리
> 부자 부富 바위 암岩으로 바위 많은 비조산 품
> 굳건한 소나무 팔뚝
> 결 곧은 기상도 있다
>
> 어머니는 장독대 위 정화수 얹어놓고
> 두 손 모아 잡고 간절한 기도 올리시면
> 겹쌓인 퇴적층 뚫고 빛 새어드는 소리
>
> −「유년 시절」 부분

작품 「말씀」이 아버지에 대한 생각이라면 이 작품은 고향 집이 있는 마을 풍경과 거기 오버랩 되어 비치는 어머니의 모습이다. 시인의 고향은 문경 땅 산양면 부암리이다. 연전에 필자도 어쩌다 문경과 연緣이 있어 거기서 기거하며 그 땅의 속살을 헤쳐 볼 기회가 있었다. 새재, 하늘재, 영남제일경이란 돌비가 있는 진남교반, 후백제를 건국한 견훤의 탄생지인 가은 땅 왕릉리, 그리고 백두대간의 수려한 산세들이 즐비한 문경은 나라 안에서도 둘째가라면 서러울 정도로 승지勝地가 많은 곳이다. 그중 시인의 고향은 비조산 기슭 '산양면 부암리'이다. 이 작품에는 고향 마을을 배경으로 시인의 눈에 투영된 어머니의 모습이 한 장 그림으로 그려져 있다. 그 어머니의 모습은 '장독대 위 정화수 얹어놓고/ 두 손 모아 잡고 간절한 기도 올리시/는 모습이다. 지금 시인은 그때 그 '겹쌓인 퇴적층 뚫고 빛 새어드는 소리'를 아련하게 들으며 어쩌면 불면의 밤을 보내고 있는 것 같다. '빛이 새어드는 소리', 시각의 청각화가 시의 맛을 돋우고 있다.

3. 구절초

밟혀도 누워 자라 꺾여서도 피는 꽃

산천에 몸부림치는 그 숨결 서민초庶民草다

저물녘

내 뜨락에서

단장하는 먼 추억

-「구절초」 전문

제2부에는 적지 않은 꽃들이 등장한다. 그런데 여기에 등장하는 천숙녀의 꽃들은 색깔이 분명하다. 크고 화려한, 또는 중인衆人의 환시環視 가운데 고개 들고 서 있는 화려한 고가高價의 꽃들이 아니다. 이 시조집의 제목이기도 한 작품「구절초」에서 보듯 '밟혀도 누워 자라'고, '꺾여서도 피는 꽃', 산천에서 찬 서리 비바람에 끊임없이 부대끼면서도 특유의 질긴 생명력으로 피어나는 '서민초'들이다. 지금도 저물녘 시인의 내면의 뜨락을 단장하는 먼 추억 속의 꽃들의 성격이다. 들판에서 억센 생명력으로 피어나는 달맞이꽃, 시골집 울타리를 감고 올라 피어나는 나팔꽃, 고사리손으로 가꾸

던 꽃밭의 단골손님 맨드라미, 갯가에 흔들리며 존재감도 없이 흔들리며 피고 지는 물봉선 등등이 천숙녀의 꽃밭에 저마다의 독특한 색깔로 한들거리며 피어 있다. 하나 같이 야생에서 눈물 먹고 이름 없이 피고 지는 꽃들이다.

> 눈 시린 가을볕에 서성이는 걸음들아
> 누구든 풀물이 드는 시골장 둘러보자
> 긴 세월 숨죽여 울던 콧날이 찡하겠지
>
> 시퍼렇게 살아나던 잡초들 우리잖아
> 삘기를 뽑아 불던 풀피리 소녀들아
> 비 잠시
> 쏟은 하늘도
> 무지개를 걸어준다
>
> ―「잡초」부분

시인의 꽃을 보는 관점은 서민초관庶民草觀이라 하였다. 그런데 위 작품에 오면 시인의 풀꽃 사랑 정신은 아예 꽃도 없는 잡초에까지 미치고 있다. 끝수에 이르면 시인의 식물관을 유감없이 표출하고 있다. 적어도 이 작품 속에 '시퍼렇게' 자라고 있는 잡초는 그냥 잡초가 아니다. 시인 자신과 동질화된 잡초다. '시퍼렇게 살아나던 잡초들 우리잖아/삘기를 뽑아 불던 풀피리 소녀들아/비 잠시/쏟은 하늘도/무지개를 걸어준다/' 봄이면 삘기 뽑아먹고 풀피리 꺾어 불며 헴 가림 없이 시골길을 달리던 그녀와 소꿉친구들은 그냥 한 더미 잡초였다. 소나기라도 한 줄기 지나고 나면 하늘에 걸리는 무지개는 그들에게 황홀한 한 편의 꿈이었다. 시인은 지금도 가끔은 어릴 적 그 아스라한 기억 속의 소녀가 되어 '콧날이 찡한' 감동을 느끼기 위해 '시골장'을 찾는 것 같다. '눈 시린 가을볕에 서성이는 걸음들아/누구든 풀물이 드는 시골장 둘러보자/긴 세월 숨죽여 울던 콧날이 찡하겠지/'

주제에서 약간 벗어난 이야기이지만, 잡초 이야기를 하다 보니 또 한 가지 떠오르는 기억이 있다.

천숙녀 시인에게는 남이 잘 모르는 숨겨진 장기長技가 하나 더 있다. 그것은 그녀가 뛰어난 '압화 공예가'란 점이다. 그 방면에는 아는 것이 없어 긴소리를 쓰지는 못하지만 시인이 선택한 압화 소재의 대강大綱은

네 잎 클로버를 중심으로 한 들꽃과 잡초였다. 지금 시인의 작품을 읽다 보니 필자 나름으로 '아하!' 하고 무릎을 치게 되었다. 그 풀꽃들은 시인이 자라온 생활 속에서 날마다 보고 듣고 만지고 그 위에서 뒹굴던, 어쩌면 시인의 '분신'들이었다고 생각해 보는 것이다.

4. 유통기한 살피며 되돌아보기, 나아가기

하이얀 갱지 위에
꾹꾹 눌러 보내온 글
세상 속 편지 되어
읽히는 하루 있다
벼려온
묵언도 있다
거칠은 시어詩語가 운다

-「편지」 전문

세상 참 많이도 바뀌었다. 그 속도 또한 눈이 핑핑 돌 정도이다. 사실 우리 세대는 문명의 혜택이 거의 없는 시대부터 초현대 우주 시대에 이르기까지 살고 있는 유일한 세대일 것이다. 우리 젊은 시대만 해도 소식 전하는 대종大宗은 다이얼 전화와 손편지였다. 이 작품은 문득 그때의 아련한 추억을 불러오고 있다. 사실 '소식 전하는 방법' 하나만 놓고 보아도, 지금은 요상한 '카톡'이란 단추가 나와서 손가락만 몇 번 까딱까딱하면 끝난다. 'ㅇㅇ을 축하해요', '삼가 조의를 표합니다'를 비롯한 수많은 영혼 없는 소리들이 한꺼번에 단체로 무제한으로 한 주소 밑에 무지막지하게 날아와 달린다. 이게 정말 바람직한 풍경인가. 그 수많은 똑딱이들이 기쁨이나 위로가 되기는 하는 것인가. 개인적인 이야기지만 필자는 이런 단체적인 소리들의 대열에는 가급적 참여하지 않는다. 따로 그분의 개인번호에 들어가 비록 몇 자의 글이라도 곡진한 마음을 전하곤 한다. 소통 방식의 초 음속화, 다양화와 함께 요즘의 우리 생활은 너무 편리 위주에 빠져서 스스로 자신도 모르는 사이에 인간성 상실의 나락으로 떨어져 가고 있다고 해석하면 지나친 평가일까. 작품을 읽으면서 문득 손편지! 그 느림의 미학이 그리워졌다.

참치 캔을 따다가 유통기한 읽어봤다
우리의 사랑탑에도 유통기한 있는 걸까
갓길로 물러앉아서 길 터주는 일일 테지

아침 창 밝아오면 편지지 펼쳐놓고
뭉툭한 연필심에 안부 인사 올리면
몇 굽이 달려온 길에 꽃향기 그득했지

오래된 건 좋은 거야 쉼 없었던 우리의 길
유통기한 없는 설렘 겹겹 무늬 쌓으면서
봉인된 속 깊은 마음 파일에 저장한다

하루해 저물고 나면 저녁이 편안하다
뼈 속내 서로 알아 한 하늘도 열었으니
발걸음 일기장 속에 꾹 눌러 앉힌 압화 꽃잎
　　　　　　　　　　　　　－「유통기한」 전문

　산업이 발달하면서 이제는 산업계도 많이 맑아졌다. 그중에 제조회사가 자사自社에서 제조한 제품에 유통기한을 표시하는 것도 그 하나일 것이다. 이 작품은

'참치 캔을 따다가 유통기한을 읽'으면서 얻은 시상詩想이다. 참치 캔의 유통기한에서 번진 시인의 연상聯想의 가지는 두 갈래이다. 첫째는 사랑의 유통기한이다. 청춘 남녀가 만나 나누는 불타는 사랑은 대체로 유통기한이 짧다. 그러나 그런 사랑 말고 인생의 달고 쓴 고개들을 넘어 간담肝膽을 상조相照하는 자리에까지 이르는 사랑은 시간이 갈수록 쌓아온 겹겹의 무늬가 더욱 깊어지는 것이니 여기에는 유통기한이 없는 것이다. 다음은 인생의 유통기한이다. 인생은 유한하다. 그 길이는 짧지도 않지만 결코 길지도 않다. 그러나 사람들은 자기만은 영원히 살 것처럼 더 가져야 하고, 더 빛나야 한다고 생각하며 자기를 혹사하고 있다. 꼬부라진 허리, 어눌한 말투로도 '갓길로 물러앉아서 길 터주는 일'을 하면 그것이 곧 자기가 잊히는 길로 들어서는 줄 알고 끝없이 참견하려 한다. 더 음흉한 사람은 말로는 '잊히는 사람이 되고 싶다'고 번지르하게 늘어놓으면서 실제로는 말 따로 행동 따로다. 한걸음 물러나 앉아 삶과 인생을 관조하는 편안하고 여유로운 어른을 만나고 싶다. 그런 어른이 되고 싶다.

5. 줄타기, 또는 넘어지는 법

내 삶의 동아줄이 여기저기 뭉쳐 있다
어느 줄을 잡을까 망설이는 그 사이
내 두 손 덥석 잡히어 이리저리 흔들리고

후두둑 창을 향해 달려오는 소나기로
오늘은 누군가가 우리 집 창문을 닦네
늘어진 아슬한 줄에 몸을 꼭 동여매고

하나뿐인 생명선을 늘였다 줄였다 하며
밥줄을 놓치게 될까 가슴 졸인 곡예 타기
가장의 어깨 위에서 꿈을 심는 식구들

내가 던진 동아줄은 올곧은 줄이었나
명분 있는 줄 되고 삭지 않은 줄이 되어
수십 년 세월 흘러도 후회가 되지 않는

-「줄」전문

높은 빌딩에 매달려 창을 닦고 있는 고된 삶의 모습에서 영감을 얻은 작품으로 보인다. 시인은 그 아슬한 풍경에서 '인생은 줄타기'라는 나름의 아포리즘을 세운다. 그 줄은 '삶의 동아줄'이다. 사람은 성장 과정의 어느 시점이면 내가 앞으로 인생을 살아가면서 '어느 줄을 잡을까 망설이'게 된다. 드디어 한 줄을 잡아 '이리저리 흔들리'면서 곡예를 하는 사이에 가장이란 이름이 붙게 되고 그 '어깨 위에서 꿈을 심는 식구들'이 생기게 된다. 그러는 사이에 '내가 던진 동아줄은 올곧은 줄이었나'를 되물으며 때로는 회의懷疑에 빠지기도 한다. 그러나 어차피 내 인생의 줄은 내가 선택했으니 그 줄은 내가 곱게 만들 수밖에 없다. '명분 있는 줄', '삭지 않은 줄', '수십 년 세월 흘러도 후회가 되지 않는' 줄이 되고 못 되는 것은 오로지 자신의 하기에 달렸다. 그 수많은 줄들은 지나고 보면 처음부터 좋고 나쁨이 없는 것이다. 줄은 그저 줄일 뿐, 그 줄을 택한 사람이 어떻게 타느냐에 따라 좋은 줄이 되기도 하고 나쁜 줄이 되기도 하는 것. '인생은 줄타기'다. 줄타기의 고수가 되어야 한다.

휴머니티 도래到來한 팬데믹 이 시대에
사람이 우선이니 출발점에 두 발 놓고
마침내 한 색깔 되어 명당 터 닦아보자

마음속 명당 되어 오늘도 무탈하게
각자의 모습에서 최선을 살다 보면
내 삶도 모자이크 되어 또렷한 명당 터로

묘터가 명당이라 해도
사람이 명당이다
초록빛 일어서는 희망찬 우리들은
뒤안길 이순耳順에서도 푸른 잎새 펄럭인다

-「명당」 전문

    따지고 보면 우리나라만큼 명당 터를 좋아하고 가리는 민족도 드물 것이다. 예부터 왕으로부터 행세깨나 하던 집안에 얽힌 산소에 대한 명당 이야기는 헤아릴 수 없다. 잘은 모르지만 좌청룡 우백호로부터 먼 산 풍경, 앞에 흐르는 강, 현장의 토질에 이르기까지 그 기준들은 정말 대단하다. 필자는 묻고 싶다. 그래서 어떻게 되었는가? 그래서 얼마나 잘 되었는가? 서구 일류 선진국들은 조상 묘터를 잘 잡아서 일류 국가가 되었는가? 위 작품에는 시인의 명당관이 나타나 있다. 명당은 마음속에 있는 것이고, 주어진 환경에서 최선을 다해 살다 보면 살고 있는 그곳이 바로 명당이란 관점이다. '마음속 명당 되어 오늘도 무탈하게/각자의 모습에서 최선을 살다 보면/내 삶도 모자이크 되어 또렷한 명당 터로/'

셋째 수에 이르면 명당에 관한 시인의 재미있는 결론이 보인다. '묘터가 명당이라 해도/사람이 명당이다'. 그렇다. 아무리 명당에 앉아 살아도 그 속에서 매일 지지고 볶고 싸움질이나 하며 산다면 그게 무슨 소용이겠는가. 다 사람이 만든 것이니 사람이 먼저인 것이다. 한 걸음 더 나가서 사주와 팔자, 관상, 손금 등등의 모든 것이 사람이 만들어 내고, 사람은 다시 거기에 구속되어 살아가고 있는 것이 아닌가. 명당은 네 안에 있다. 시인의 아포리즘이다.

열 번을 넘어져도 다시 털고 일어나봐
무수한 꺾임으로 별빛이 내게 오니

모서리 갈고 닦으며
둥근 이름 새겨야지

어둠에 눌린 몸 펴지 못해 굽은 등도
내면을 향한 원형 날개 밑에 접어두고
새롭게 길을 찾아서
용수철로 일어서봐

—「낙법落法」 전문

 넘어져도 잘 넘어져야 한다. 잘못 넘어지면 대수롭잖게 넘어졌는데도 영영 바른 몸이 되지 못하고 평생을 불편하게 살아가는 수도 있다. 노인이 되어 낙상하면 그 길로 인생을 마치는 경우도 적지 않다. 잘 넘어지는 법을 알아야 한다. 그 법을 '낙법落法'이라 한다. 낙법을 중요하게 다루는 호신술이 '유도柔道'이다. 작품에서 시인은 '인생 낙법'을 강조하고 있다 열 번 넘어져도 기죽지 마라. 무수한 꺾임 있어야 '별빛'을 잡을 수 있다. 모서리를 갈고 닦아서 둥근 이름을 새겨 봐라. 넘어지고 넘어져도 용수철처럼 일어서라고 강조하고 있다. '열 번을 넘어져도 다시 털고 일어나봐/무수한 꺾임으로 별빛이 내게 오니/모서리 갈고 닦으며/둥근 이름 새겨야지/어둠에 눌린 몸 펴지 못해 굽은 등도/내면을 향한 원형 날개 밑에 접어두고/새롭게 길을 찾아서/용수철로 일어서봐.' 그렇다. 인생은 마라톤이다. 42.195km의 장거리를 달리다 보면 그 중간에는 몇 번이나 넘어지고 싶을 때가 있을 것인가, 때로는 정말 넘어질 때도 있을 것이다. 그러나 끝까지 참고 견디며 완주하는 자, '새롭게 길을 찾아서/용수철로 일어서'는 자에게 승리의 여신은 손을 잡아줄 것이다.

6. 나와의 대화, 그 내면의 이야기

한 끼도 놓치면 안돼

구부정한 줄서기

탑골공원 골목길에

순서는 아직 멀다

자꾸만

길어지는 길

보도블록만 헤고 있다

-「밥줄」 전문

한국전쟁 직후 우리나라는 지구상에서 가장 절망적인 나라, 도저히 회생할 수 없는 나라 1위였다. 경제 규모는 북한보다도 훨씬 뒤져 있었다. 그동안 우리는 걸출한 지도자들을 적기適期에 만나게 되어 경제 성장과 민주화라는 두 가지 지상과제를 동시에 성공적으로 이뤄냈다. 아직도 우리 사회 일각에서는 그 공과功過에 대해 아웅다웅하고 있기는 하지만 광복 이후 80년 만에 세계가 부러워하는 선진국의 대열에 들어섰다. 하더라도 어두운 구석은 여전히 남아있다. 이제는 복지의 과일을 폭넓게 나눌 때가 되었다. 지금 시인의 눈은 '탑골공원 골목길에' 줄 서 있는 노숙자 앞에 멈춰 있다. '구부정한 줄서기'의 '구부정'이란 부사어는 중의적重義的이다. 길게 늘어선 줄의 구부정함 뒤에는 거기 서 있는 사람들의 굽어진 등과 함께 굶어서 텅 비어 있을 소화기관도 함께 연상이 되는 부분이다. 그럴 것이다. 줄은 잘 짧아지지 않고 허기는 점점 더해 오는데 '내 차례는 언제쯤 올 것인가' 기다려도 줄은 좀처럼 줄어들지 않아, 더디게 한 칸씩 줄어드는 '보도블록만 헤고 있'는 안타까움이 여실하게 표현되어 있다.

산다는 건 오일장 같아 좌판을 펼쳐놓고
난전에서 실랑이 벌이며 장을 보는 사람들
그 속에 숨 쉬고 앉은 떨림도 한 바구니

놋숟갈로 통감자를 깎으시던 어머니가
영근 벼가 누워있는 논둑 길 지나오며
꽃 같은 붉은 웃음을 쏟아놓고 돌아보는

가꿔도 거친 밭 이랑 일궈 고르고 살던
아슬한 평생 삶이 눈에 선연 떠오르고
집 찾아 걷는 발걸음 노을 속에 잠겨 들고

-「난전」 전문

인생길은 어떤 길인가. 수천 가지의 정의도, 해석도 가능할 것이다. 작품 속에서 시인의 해석은 '오일장 난전亂廛'이다.

쇠달구지에 물건을 싣고 날마다 장터를 옮겨 다니며 장사하는 사람을 '장돌뱅이'라 했다. 그중에 자금 여유가 있는 사람은 자기 자리를 구하여 편안한 자리에서 장사를 하지만 가난한 장돌뱅이들은 여유가 없으니 난전을 찾아야 했다. 난전 가운데서도 목이 좋은 곳을 먼저 차지하기 위해 서둘러 다녀야 했다. 도착하면 '좌판을 펼쳐놓고' 장꾼들과 실랑이를 벌이며 숨 가쁜 하루를 보낸다. 파는 사람은 한 푼이라도 더 남겨야 하고 사는 사람은 한 푼이라도 싸게 사야 한다. 그 사이에서 실랑이는 필연적이다. 따지고 보면 산다는 건 '난전 풍경'이다. 시인의 예리한 아포리즘에 동의한다.

7. 나오며

지금까지 천숙녀 시인의 시조집 『구절초』를 소략疏略하게 살펴보았다. 천 시인은 일찍이 시조에 뜻을 두어 1995년에 등단하였으니 이미 문단 이력이 30년에 이르고 있다. 그러나 그녀의 부지런한 성품은 시조만 붙들고 앉아 있게 두지 않았다. 국가적, 민족적 대 주제인 '독도수호'라는 명제에 투신하여 30년이란 짧지 않은 시간을 오롯이 그 일에 바쳤다. 그녀에게 문학 활동은 오히려 차선으로 보일 정도로 불철주야 신명을 바쳐 왔다. 그러나 그녀의 끝없는 열정은 그런 동안에도 문학 또한 크게 소홀하지 않아 시조와 자유시의 영역을 넘나들며 적지 않은 작품집을 펴내었고, 거기다 압화공예라는 희귀한 예술에까지 눈을 주어 상당한 경지에 이르고 있다.

시조집 『구절초』를 읽어가면 육친과 고향에 대한 애틋한 정과 어릴 적에 서당書堂에서 배운 인격 수련이 오늘을 사는 여느 사람과는 차이가 나는 인격을 갖추게 되었음을 은연중에 느끼게 된다. 제목이 세운 꽃 '구절초'의 의미처럼 꺾여도 일어서는 시인의 강인한 생활 자세를 볼 수도 있고, 때로는 한 포기 잡초처럼 들판을 뛰어다니는 풋풋하고 청순한 모습도 읽을 수 있다. 가볍게 날리지 아니하고 침중하면서도 예의 바른 오늘의 시인의 인격이 어디서 어떻게 훈련되어 나타나고 있는지, 시인의 건전한 사상이 어떤 과정을 거쳐 형성되었는지도 간접적으로 짐작해 볼 수 있다. 사람으로서 지켜야 할 기본적인 예절마저 상실된 시대를 살아가는 현대인에게, 이 시조집을 읽어가면서 한 번쯤은 '모름지기 자연으로 돌아가라'는 시인의 일갈을 들을 필요가 있다고 생각해 보는 것이다.